14ページを見ながら、
捨てて食品ロスになった食べものを書いてみよう！

月　　　　日（　　　）	ぜんぶ食べきれたところは☆マークをぬってね！
朝 ☆	
昼 ☆	
おやつ ☆	
夜 ☆	

そのほかに捨てた食べもの

月　　　　日（　　　）	ぜんぶ食べきれたところは☆マークをぬってね！
朝 ☆	
昼 ☆	
おやつ ☆	
夜 ☆	

JN024401

そのほかに捨てた食べもの

月　　　　日（　　　）	ぜんぶ食べきれたところは☆マークをぬってね！
朝 ☆	
昼 ☆	
おやつ ☆	
夜 ☆	

そのほかに捨てた食べもの

感想・気づいたこと

食品ロス

「もったいない」を みんなで考える

❸ ごみ置き場から見た食品ロス

監修

お笑い芸人 マシンガンズ・ごみ清掃員

滝沢 秀一

もくじ

★この本の登場人物

滝沢さん

お笑い芸人・マシンガンズの滝沢さん。ごみ清掃員としても働いている。夢は日本から食品ロスやごみをなくすこと！

ぼくたちといっしょに食品ロスのことを見ていこう！

多部田さん一家

お父さん、お母さん、小学4年生の姉と小学2年生の弟の4人家族。一家そろっておいしいものが大好き。

この本を読むみなさんへ

はじめまして！　マシンガンズの滝沢です！　マシンガンズって何かって？　お笑いコンビの名前だよ。知ってる？　知らないか……。

ぼくはお笑い芸人をやりながら、ごみ清掃員として働いているんだ。

みんなはごみを出したことある？

そのごみがどうなっているかお話できる人はいるかな？

回収されたごみは清掃工場に運ばれて、燃やされる。その後は？……これは答えられる人は少ないんだ。ごみは燃やされると消えてなくなると思っている人が結構いる。でも魔法やマジックじゃないから、ごみがこの世から消えることはなくて、灰が残るんだ。

残った灰を最終処分場という所にうめるんだけど、ずっとうめ続けられる訳ではないんだ。

じつは、あと20年で日本のあちこちの最終処分場がいっぱいになってしまうといわれているよ。ごみが捨てられない世の中になってしまうんだ。

君たちは20年後、何歳になっているかな？

ひとりひとりが協力して、ごみをなるべく減らしていこうね！

ごみ清掃員の仕事をしていると、家庭から出るごみのなかには、まだ食べられるのに捨てられてしまう食べもの「食品ロス」が多いことに気がついたんだ。野菜やお米がまるごと捨てられていたり、ふくろの開いていないおかしが捨てられていたりしている。

この本では、ぼくがごみ清掃員の仕事をしているときに考えた「食品ロス」をへらす工夫や、おうちでできるアイデアをみんなに紹介するよ！

さあ、一緒にやってみよう！

お笑い芸人 マシンガンズ・ごみ清掃員
滝沢秀一

3

マシンガンズ滝沢が見た
ごみ収集の現場で知る「食品ロス」

ぼくは滝沢秀一
お笑い芸人やってます！

ドーモー

マシンガンズでーす

そして——

ピピピー

オーライ！
オーライ！

よいしょっと

ごみ清掃員も
やってます！

どっちがメインの
仕事？って
よく聞かれるけど

ウィーン

ごみ清掃員のほうが
メインだと
思ってます

ん…？

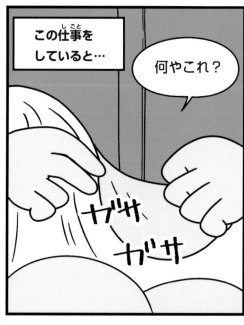

この仕事を
していると…

何やこれ？

ガサ
ガサ

メロン!?

ドーン

しかも
まるごと3つ!?

くさってるわけでも
ないのになぁ…

もったいない…

ええ～

まだ食べられそうなごみを
よく発見します…

4

あっ！

こっちには大量のイチゴ!?

バーン

形が悪いから捨てられた？

もうコレパフェつくれるやん…

そうだ！ごみパフェとかつくって売り出したら売れるかな!?

ごみパフェ

ダメですおこられますよ

キッぱり

こっちにはしなびかけたほうれん草…

こっちは使いかけのパプリカや…

うわっ

滝沢さん 見て!!

え？

高級ゼリーが

お中元

捨てられている!?

まだ賞味期限切れてないやん

めちゃうまそう

ダメです

ぼくが食べていい？

ぼくらの仕事はごみを集めることなので…

ばりっ

ばりっ

さよなら高級ゼリー

もったいなくても収集車に入れてつぶさなくちゃいけない

これって「食品ロス」だよなぁー

まだ食べられるのに…

最近本当に多いですよね…

さて
次でラスト──っと…

んあ!?

大量の
コンビニ弁当!?

さらに
水と…

折りたたみ式の
いす…

ぼくには
わかりましたよ

真実は
たぶん一つ

何ですか
そのカッコ!?

これは…

バーベキュー
だっ!

水はもともと氷だったもの…
これで食材を冷やして
いすにすわって**バーベキュー**…

コンビニ弁当も ねんのため買ったが
肉でおなかがいっぱいになり 捨てたのだ!

さよなら…

ポチ

ほかにも年末年始の
クリスマスケーキや
おせちなども…

楽しい時間のあとに残された
せつない**食品ロス**──

6

また、別の日にも…

ん？

身が残ったまま捨てられた
真夏のサバかんっ！

ツーン

さば缶

目がー！

ぎゃー

！！

「食品ロス」に加えて、
分別もめちゃくちゃだ…

くさい…

こっちは
びんづめのオリーブが
半分残ってる…

きっとこの家の人
おしゃれな料理にチャレンジしたものの
残ったオリーブを何に使ったらいいか
わからんかったんやろな…

他に何に使ったらいいか
わかんないわ

わりと見ますよね
このパターン…

**「まだ食べられるものが
たくさん捨てられている」**

この仕事をしていると
「食品ロス」の多さを
実感します

なので この本では
そんなごみ清掃員の立場から
「食品ロス」について考えて
いきたいと思います！

家から出たごみをよく見てみると…？

ふだん家から出るごみは燃やせる「可燃ごみ」と、燃えない「不燃ごみ」、リサイクルできる「資源」の3つに分けられます。

紙くず

使い終わったティシュなど、よごれた紙は可燃ごみ。同じ紙でも新聞紙や雑誌、段ボールなどは「古紙」といって資源のなかま。野菜の皮や種、魚や肉のほね、食べ残しなど食品から出るごみは生ごみと言って、これも可燃ごみになるんだ。

食品ロスも可燃ごみだよ！

カン

ジュースやかんづめのカンは資源。中を洗って、きちんと分別して出すと新しいカンや別の金属製品にリサイクルできる。

カンのなかでもスプレーカンは、地域によっては、燃やせない不燃ごみとして回収することがあるので注意。

プラスチック製品

発泡スチロールでできた食品の容器などがこれにあたる。可燃ごみになる地域と、資源になる地域があるよ。自分が住んでいる地域のごみ出しルールを調べてみてね。

びん

洗ってよごれを落とせば資源。
よごれが落ちないものは不燃ごみ
だよ。

電球

これは不燃ごみ。小型の家電製品や金属製品、ガラスなどがそうだよ。割れたガラスやナイフなど、とがったものを出すときは、厚紙につつんで「キケン」と書いておいてくれるとうれしいな。

ペットボトル

資源だよ。リサイクルしやすいように必ずラベルをはがしてね。ふたもリサイクルできるけれど、別々に回収しているところが多い。これも住んでいる地域のルールを調べてね。

そのほか（そ大ゴミ）

家具やふとんなどの大きなごみは、そ大ごみに分類されるよ。テレビや冷蔵庫、洗濯機、エアコン、パソコンなどはメーカーが引き取ってリサイクルしてくれるので、メーカーに連絡してね。

ごみ処理のしくみを見てみよう！

家から出たごみは自治体にある施設で処理されているよ。可燃ごみ、不燃ごみ、そ大ごみ、資源など、種類ごとに処理の方法はちがう。どのように処理されるのか見てみよう。

清掃工場の焼却炉は800度以上の高温でごみを燃やすよ。水分をふくんだ生ごみが多いと燃えにくくて、たくさん燃料を使わないといけないんだ。燃やして灰になると、分量は燃やす前の20分の1になるよ。

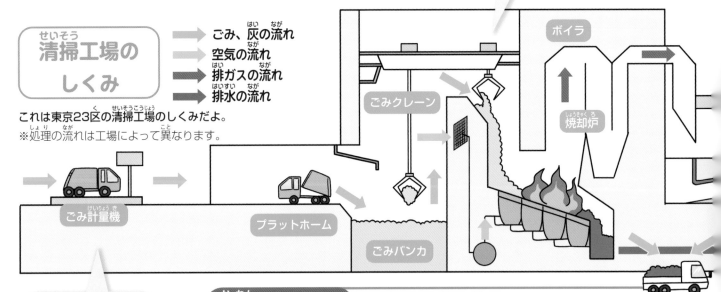

清掃工場のしくみ

- ➡ ごみ、灰の流れ
- ➡ 空気の流れ
- ➡ 排ガスの流れ
- ➡ 排水の流れ

これは東京23区の清掃工場のしくみだよ。
※処理の流れは工場によって異なります。

（図中ラベル）ボイラ／ごみクレーン／焼却炉／ごみ計量機／プラットホーム／ごみバンカ

ごみを回収してきた収集車が、ごみ計量機の上にのると、運んできたごみの重さがわかるよ。

可燃ごみの場合

可燃ごみは清掃工場に運ばれて燃やされる。燃やしてかさをへらすことで、うめ立てる最終処分場がすぐにいっぱいにならないようにしているんだ。いやなにおいや細菌の繁殖も防げるんだよ。

資源の場合

びん、カン、ペットボトル、古紙などは、それぞれのリサイクル工場に運ばれるよ。そこでくだかれたり、とかされたりする。そのあと、前と同じものにつくりかえられたり、別の製品になったりする。

不燃ごみ・そ大ごみの場合

不燃ごみ、そ大ごみは専門の処理施設に集められ、細かくくだかれる。まざっている金属などは資源へ、燃やせるものが出てくれば清掃工場へ送るよ。残ったものは最終処分場にうめるよ。

ごみの種類によって、処理のしかたがちがうんだね！

環境を汚さないよう気をつけて、安全に処理しているのね。

排ガスはきれいにして煙突へ！

減温塔は、ごみを燃やすときに発生するガスを冷やし、有害な物質をできにくくする。ろ過式集じん器、洗煙設備、触媒反応塔は、有害物質や細かい灰を取りのぞく。空気を汚さないよう、いろいろな処理をしているよ。

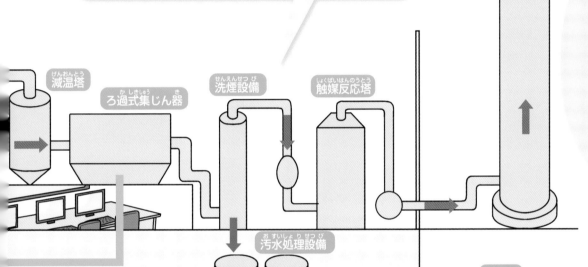

煙突

減温塔
ろ過式集じん器
洗煙設備
触媒反応塔
汚水処理設備
下水道

ごみを安全に処理するためには、たくさんのお金もかかるし、いつかは最終処分場もいっぱいになる。どうしたらごみをへらせるか、みんなにも考えてもらえるとうれしいな。

水もきれいにして下水道へ！

排ガスを処理する減温塔や洗煙設備からは、有害物質をふくんだ排水が出る。工場内の汚水処理設備では、排水から有害物質をとりのぞいて、きれいにしてから下水に流している。

知っているかい？
資源・熱エネルギーの有効利用

ごみ処理施設では、地域の環境のことを考えて、エネルギーや資源を有効利用しているんだ。

ごみを燃やすと熱が出る。ボイラではこの熱を使って温水や電力をつくっているよ。温水は清掃工場の近くの温水プールや植物園を温めるために、電力は清掃工場で使うエネルギーなどに利用されているよ。

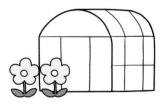

ごみを焼却して灰にすると、分量をへらすことができるけれど、このままのペースだと、20年後には日本のあちこちで最終処分場がいっぱいになってしまうといわれている。東京都では灰の一部もセメントの原料としてリサイクルしている。

冷蔵庫の中身をチェックしよう！

おうちの**冷蔵庫**
はいけん!!

冷蔵庫のおくに、入れっぱなしの食べものは残っていないかな？

賞味期限の切れた納豆

3パック1セットで買った納豆。でも1パックだけ食べてそのままわすれていた。

置きっぱなしの煮物

おとといの夕飯のおかずで残ってしまった煮物。あまり人気がないので、そのまま手をつけていない。

しなびてきたキャベツ

1週間前に買ったキャベツの残り。しなしなでおいしくなさそう…。

パンパンに食べものが入っているけど、もう食べられないものがたくさんある…。よけいなものを買いすぎて、**冷蔵庫の中に何があったかわすれているでしょ？**

置きっぱなしのごはん

ごはんがあまったときに、タッパーに入れて保存していたもの。そのままわすれちゃった！

カビがはえたレモン

料理に半分使って、のこりはすっかりわすれていた。

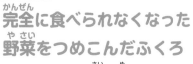

完全に食べられなくなった野菜をつめこんだふくろ

とけたチンゲン菜、芽がのびて食べられなくなったジャガイモなどを入れたふくろ。とりあえずごみ出しの日まで冷蔵庫に入れておいた。

中はこんなことに…

仕事のあとに急いで買い物に行くので、いつも目についたものパパっと買っちゃうんです…。**冷蔵庫に残っているのをわすれて買っちゃうこともありますね。**

こんなにあった!! 家の食品ロス

何これ、フランクフルト2kg!?

まさかの2kg!?

ぼく好きなんですよ。すごく安かったから思わず2袋買っちゃって…

どう考えても食べきれる量じゃないやーん!!

もらったものの…

こっちの3つは?

近所の人からもらったんです。食べ切れないけど、捨てるのも申し訳なくて…

大きなビンは外国の調味料?

わたし、タイ料理が好きなんです！でも子どもたちは食べないし、使い切る前に賞味期限が切れてしまいました。おそうざいについていたタレとかも使わなくて残っちゃいます

「食べものをむだにしたくないな」と思っていても、うっかり冷蔵庫に入れたままになることがあるよね。おうちの人もいそがしいから仕方がないところもあるけれど、安売りだからととりあえず買っちゃう「とりあえず買い」や、食べきれるかわからないけど、ちょっと料理に使ってみたくて買ってしまう「背のび買い」に気をつけるだけでも、食品ロスがへらせそうだね。

食品ロス日記をつけよう！

8 月 1 日（月）　ぜんぶ食べきれたところは☆マークをぬってね！

朝	
昼	
おやつ	
夜	コロッケ（半分）

そのほかに捨てた食べもの

なっとう 1パック
（しょうみきげんがきれていた）

自分でやってみよう

　食品ロスをなくすためには、まず、ふだんどんな食品ロスが出ているかを知ることが大切だよ。みんなの家の冷蔵庫に入ったまま傷んだり、食べ残したりして捨てたものを1週間記録してみよう。

食品ロス日記は、この本の最初のページをコピーして使ってね！

2人ぐらしの Nさんの場合

【 食品ロス日記 】

14ページを見ながら、捨てて食品ロスになった食べものを書いてみよう！

8 月 1 日（月）

8 月 2 日（火）
ブロッコリーのくき
ふくろ入りのきざみキャベツ 半分

そのほかに捨てた食べもの
長いもも6センチくらい。
色がかわっていた。

そのほかに捨てた食べもの
キャベツ 4分のに

8 月 3 日（水）

8 月 4 日（木）
ニンジン半分、肉じゃが
（1人分）、はんぺん4分の1

そのほかに捨てた食べもの
土曜に作ったカレーののこり分
（1人分）

8 月 5 日（金）
食パン 半分
クラッカー 5まい

そのほかに捨てた食べもの
りんご に 食べわすれ

8 月 6 日（土）

8 月 7 日（日）

総括・気づいたこと
食べきれないことが
何日かありました。
ごはんが多いと思った時は、
食べる前にへらして
もらうように
しようと思いました。

そのほかに捨てた食べもの
プチトマトを食べわすれて
くさらせてしまい1パックの半分
をすてた。

食べきれなかったパスタ。
いつもと同じ量をゆでたけれど、食欲がなくて食べきれなかった。

　残った野菜を捨てることが多いね。家族の人数が少ないので、野菜を一度に使いきれなくて、残りを冷蔵庫に入れたままわすれてしまうパターンだ。食べきれず残ってしまうこともあるみたいだね。冷蔵庫のなかをこまめにチェックして、あるものから食べたり、料理したりする習慣をつけると食品ロスをなくせるんじゃないかな。

野菜は、小さくカットされたものを買うのも食品ロスをなくす一つの方法だよ。

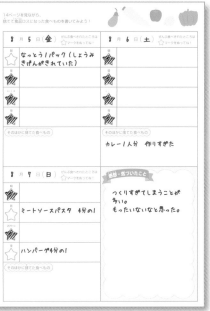

食品ロス日記

14ページを見ながら、捨てて食品ロスになった食べものを書いてみよう！

8月1日（月）		8月2日（火）	

そのほかに捨てた食べもの

8月2日（火）
とんじる1人分
（多くつくりすぎてあまった）

8月3日（水）		8月4日（木）	

トースト半分
（ねぼうして食べきれず）

ごはん1ぱい

そのほかに捨てた食べもの

8月5日（金）		8月6日（土）	

なっとう1パック（しょうみ
きげんがきれていた）

そのほかに捨てた食べもの

カレー1人分　作りすぎた

8月7日（日）		補助・気づいたこと

ミートソースパスタ 4分の1

ハンバーグ4分の1

つくりすぎてしまうことが
多い。
もったいないなと思った。

そのほかに捨てた食べもの

4人ぐらしの
Kさんの場合

料理を食べきれずに捨てることが多いね。生活のリズムがずれたり食欲が落ちたりすると、食べ残しが出てしまうんだね。食べきれなさそうなときは、家の人にいって、盛りつけを少なくしてもらうのはどうかな。残った料理は冷凍保存袋に入れて冷凍庫に入れておくと、保存できる期間が長くなるよ。

残った料理を食べる気分になれないときは、ほかの材料を足して別の料理につくりかえる方法もあるよ。

つくりすぎてしまうことの多いカレー。夏はすぐにいたんで食べられなくなってしまう。

知っているかい？
過剰除去

野菜の皮やへたを取るときに、食べられる部分まで取りのぞいてしまうことを過剰除去というよ。じつは、家庭から出る食品ロスの約20％は過剰除去なんだ。固いところが苦手で、野菜のしんやくきを多めに取りのぞいている家もあるかもしれないね。

でも細かくきざんだりゆでたりするとおいしく食べられるよ。調理を工夫して過剰除去をへらしてもらえるとうれしいな！

取りのぞかれることが多いニンジンの皮やキャベツの外側の葉。栄養たっぷりで、工夫するとおいしく食べられる。

食品ロスが出る原因がわかれば、食品ロスをへらす方法も見つかりそうだね。

いくら捨ててるか計算すると…？

食べものはお金を出して買ったものだよね。捨てた食べものは全部でいくら分になるのかな。食品ロスになったおもな食べものの値段と分量からおおよその金額を計算してみたよ。

こんなにあった!! 家の食品ロス
例 ミートソーススパゲティ¼を捨てた場合

約53.7円

50円というお金を捨てていると思うともったいない。

❶1人分に使われた食材の値段を計算します。

ケチャップ
50g
17円

玉ネギ
1/4こ
12円

めん
100g
106円

ぶたひきにく
80g
80円

合計215円

❷このうち¼を残しているので

215円÷4 ＝ 53.7 円

を目安にします。

食べ残しを捨てると、調理するときに使った**水道、ガス、電気代**もむだにしていることになるね。ほかにも小さな金額だけど塩や油など、**調味料**の料金もかかっている。**生ごみを処理するとき**にもお金がかかるよ。その費用にはみんながはらっている**税金**が使われているんだ。

お金におきかえてみると、どれだけ**むだにしているかがわかりやすいね。**

月	火	水	木
長いも6センチ 179円	ブロッコリーのくき 70円 ふくろ入りのきざみキャベツ半分 52.5円	カレーののこり 1人分 100円	ニンジン 半分 52.5円 肉じゃが（1人分）140.5円 はんぺん 4分の1 48円
金	土	日	
食パン 半分 14.1円 キャベツ 4分の1こ 43円	クラッカー 5まい 19.7円 りんご 1こ 170円	プチトマト 2分の1パック 106.5円	

2人ぐらしの Nさんの場合

月	179円
火	122.5円
水	100円
木	241円
金	57.1円
土	189.7円
日	106.5円

計995.8円

（内訳）
食べ残し　322.3円
捨てたもの　673.5円

Nさんのおうちの場合、1ヶ月で3983.2円、1年では4万7798.4円になるね。

月	火	水	木
0円	とんじる1人分 135.5円	トースト半分 9円 ごはん1ぱい 60円	0円
金	土	日	
なっとう1パック 33円	カレー1人分 139.8円	ミートソースパスタ 4分の1食 53円 外食ハンバーグ 4分の1 164円	

4人ぐらしの Kさんの場合

月	0円
火	135.5円
水	69円
木	0円
金	33円
土	139.8円
日	217円

計594.3円

（内訳）
食べ残し　561.3円
捨てたもの　33円

合計は594.3円だから一か月で2631.9円、一年で3万1582.8円にもなる。食品ロス0の日もあったのに、すごい金額になっちゃったね。

食品ロス日記をつけると、家の中にある食べものに注意が向いて、食品ロスをへらせるようになるよ。みんなもどうしたら食品ロスをへらせるか家の人と話してみよう！

コンポストをつくってみよう！

コンポストってなあに？

コンポストは野菜などを栽培するときに必要な堆肥や、それをつくる容器のことだよ。コンポストを使えば、生ごみから栄養たっぷりの肥料をつくることができるんだ。ふだん可燃ごみとして出している生ごみも肥料にすれば、ごみをへらせるね。

食べることができない生ごみを肥料にして野菜にあげれば、またおいしい野菜ができる。食べものを循環させることができるね。

種類はいろいろ！

主なコンポストの種類をしょうかい！

●バクテリア系のコンポスト

コンポストに生ごみを入れてよくかきまぜ、細菌の力を利用して肥料をつくる。

●ミミズコンポスト

生ごみを食べて分解するミミズの特性を生かしたもの。ミミズが出すフンは栄養たっぷりで、肥料として利用できる。

●電動乾燥式生ごみ処理機

熱や風の力で生ごみを乾燥させて小さくする。乾燥した生ごみは肥料として利用できる。

▶乾燥して小さくなった生ごみ

手づくりコンポストにチャレンジ!!

段ボールの箱を利用して、コンポストづくりにちょうせんしてみよう。

材料

**クラフト
ガムテープ**

**風通しの良い
あみ目状の台**

段ボール箱

二重底用
段ボール板

スコップ

虫よけキャップ
（段ボール全体をすっぽりおおうことができる布。古い大人用のシャツや洗濯ネットなどでもOK）

●段ボールの選び方
・防水加工がされていないもの。
・厚くて強度があるもの。底が二重構造になっているものがよい。
・基材が入りきるくらいの大きさ。ミカン箱（400×300×250mmくらい）のものがちょうどよい。

基材　生ごみのにおいをおさえ、細菌のすみかになるもの。

ココピート
（ココナッツの
からのせんい）
15リットル

**もみがら
くん炭**
10リットル

※基材はホームセンターなどで購入できる。
※おがくずや竹粉、腐葉土なども利用できる。

つくり方

❶段ボールを組み立てて、底をガムテープではりあわせる。テープをはりすぎると、段ボールの中に水分がこもりやすくなるので注意。底がぬけないように、底は二重にする。

❷風通しのよいあみ目状の台のうえに段ボールを置く。直接地面におくと、水分がたまって底が抜けてしまうので、必ず台の上に置こう。

雨があたらず、直射日光をさけた風通しの良い場所が◎

小バエなどの虫が入りこまないように、すきまや穴にもガムテープをはってふさぐ。

基材は段ボールの6割くらいまで入れるようにしよう。

❸基材をまぜて段ボールに入れたら準備OK。生ごみを入れよう。真ん中にスコップをたてに入れて穴をほり、生ごみを入れる。基材をかけて、一日置いたら生ごみを入れた部分をよくかきまぜる。まぜ終わったらふたをして虫よけキャップをかぶせておく。これをくり返す。

注意
・生ごみを入れはじめて3～6か月たち、基材がべたついてきたら、1週間に1回くらい、1～2リットルの水を加えて、基材全体をよくまぜる。
・分解が進むとき、発熱して20～40℃になるよ。温度が低いと分解が進まないので、あたたかい場所に置こう。
・段ボールに入れる前に、虫が生ごみに卵を産みつけてしまうことがある。段ボールの中で虫が発生しないように、生ごみはすぐに入れよう。

コンポストを使ってみたぞ！

家のベランダでコンポストに
ちょうせんしてみたよ。

ぼくが使ったのは、段ボールコンポストと同じタイプのものだよ！

以前買ったコンポスト

むかし買った
コンポストの
容器でやって
みよう♪

1日目

基材は黒土と菌床。
菌床はイネわらと
馬ふんが原料で、
細菌の活動を活発
にするんだって。

生ごみを投入!!

えだ豆の皮、ニンジンの皮、少し
だけ残ったごはん、レタスのしん
を入れてみた。分解が進みやすい
ように、ほうちょうで細かくきざ
んでおいたよ。

6日目

分解されてる!!

3日目

えだ豆の皮
発見！

気温が低かったせ
いかな。まだ分解
されてないね。よ
くまぜておくぞ〜。

掘ってみると、生ごみのかけらみたいなもの
が少し残っているけれど、全体的に分解がす
すんでいるみたいだぞ。いい感じ！

どうして生ごみが分解されるの？

土や基材の中にはたくさん細菌がすんでいる。細菌は生ごみが大好物なんだ。コンポストの中の細菌が生ごみを食べることで、生ごみは分解されて、目に見えないくらい小さくなっていく。食べものが分解されて細かくなると、そこにふくまれている栄養を植物が吸収しやすくなるから肥料になるんだ。細菌は自然のなかに住んでいるけれど、コンポストの中はとくにいろいろなタイプの細菌が活動しやすい環境になっているので、早く分解が進むよ。

分解しやすいもの・しにくいもの

人間と同じで細菌も好ききらいがあるよ。コンポストに入れても分解されない生ごみがあるので注意しよう。

○ 分解しやすいもの

野菜

くだもの

肉や魚

油

ラーメンやカレーなど調理品の残りもの　など

細菌はたんぱく質や糖質をふくむ食べものが好き。油を入れると温度が上がって活動が活発になる。

△ 細かくすれば分解できるもの

卵のから

玉ネギの皮

トウモロコシのしん　など

固いものやすじの多いものは分解しにくいので細かくくだいたり、切ったりして入れよう。

✕ 分解しにくいもの

トリ肉についているほね　　貝がら　など

大きなほねや貝がらは分解できず土の中に残ってしまうので入れないで。

お姉ちゃんと気があいそう!?

細菌はジュースやジャムなどのあまいものも好きなんだって!!

非常食も捨てられている！

台風や地震など、大きな災害が起きると、食べものが手に入りにくくなってしまう。そんなときに役に立つのが、調理をしなくても食べられる乾パンやかんづめ、ミネラルウォーターなどの非常食だ。みんなの家でも非常食を備えておこう。だけど、非常食も食品ロスになってしまうので、注意して！

カンパン

即席めん

ごみを収集していると、賞味期限の切れた非常食が捨てられているのをよく見るよ。非常食は賞味期限が1～5年くらいあるけれど、気づいたときには賞味期限を過ぎていた！　ということがよくあるみたいだ。

年に一度は入れかえよう

家にある非常食は、年に1回は食べて新しいものに入れかえることをおすすめするよ。たとえば9月の防災の日など、毎年決まった日に食べる習慣にしてみるのはどうかな？災害が起きたときのことが想像できるし、食べながら防災について家族で話しておくと、いざというときも落ち着いて行動できるよ。

ローリングストック

ふだん食べているレトルト食品やかんづめ、パックごはんなどでも、長期保存できて、災害のときに非常食になるものがある。こうした食品をいつも多めに家に備えて（ストックして）おこう。

保存するときは、賞味期限が近いものか

ら順番に使えるようにならべておくのがコツ。ふだん食べるときは、古いものから食べて、食べた分はすぐに買い足しておくんだ。備える、食べる、買うをくり返す、これを「ローリングストック」というよ。

ローリングストックを続けていけば賞味期限切れになる心配もないし、いざというときにも食べなれたものを食べることができるよ。

備える
（ストックする）

水、レトルト食品、かんづめなど、保存のきく食品を3日分以上買っておく。

食べた分を
買う

食べた分は買い足して、いつも家に備えがあるようにしておく。

食べる

いただきまーす

食べるときは、賞味期限が近いものから。

ちなみにぼくはイワシのかんづめや、レトルトカレーなどをストックしているよ！

ふだんから食べているものでいいんだね！

学校給食での工夫

給食から出るひとりあたりの食品ロスは一年間で約7kg。

ひとりひとりの量は少しでも、みんなが残すとあっという間にどっさり。学校給食の食品ロスは仕方ないのかな。

千葉県船橋市 塚田小学校 給食室での取り組み

給食をつくる先生たちは、食品ロスを減らして、みんなにおいしく給食を食べてもらえるようにいろいろな工夫をしているんだ。

千葉県・塚田小学校の給食室に取材に行ってきたよ！ ここでは、食から学ぶ「食育」に力を入れているんだ。

給食室での調理のようす。

買い手がつかずに余った車エビを給食で利用！

この日の給食には、車エビをまるごと香ばしく焼いた、車エビのすがた焼きが登場。農林水産省の補助事業を活用した水産会社が沖縄県の車エビをプレゼントしてくれたんだ。新型コロナウイルスの影響で海外から日本への観光客が減って、いくつかの食材は余っているよ。給食で食べられれば、食品ロスを防ぐことにつながるね。

もちろん、児童は大よろこび！車エビを届けてくれた漁師さんに、お礼の手紙を書いた子もいたんだって。

沖縄県からとどいた車エビのすがた焼き

皮まで食べられるように調理してるんだって！

車エビのすがた焼き

地元の食材に親しめる メニュー作り！

　塚田小学校では地元の食材を使ったこんだて作りにも力を入れているんだ。右の写真はその一例。食材を味わうことで、児童もいつのまにか地元の特産品にくわしくなってきたよ！

千葉県産
入梅イワシの
かばやき風

船橋産ニンジンの
ポタージュ

知っているかい？
地産地消

　地元で生産されたものを地元で消費することを「地産地消」というよ。食品の輸送にかかる時間やお金が少なくてすむから、新せんなものを安く買うことができるんだ。さらに、地元の食材を食べることで、地域の食文化や農業・漁業などへの関心が高まるんだ。どちらも大切なことだよね。

船橋港に水あげされた
スズキのフライ

船橋三番瀬ののりと
西船橋産小松菜の
みそしる

給食室インタビュー

塚田小学校　栄養教諭　口野佳奈 先生

「給食での食品ロス」はよく言われがちだけど…

　たくさんの食べ残しが捨てられる学校給食は、食品ロスの問題として取り上げられることが多いです。だけど、いろいろな食べものを食べてみてほしいから、みんながあまり食べたことがないものを、あえて給食に出すこともあります。

　例えば、河内晩柑（熊本県名産の柑橘類）。最初に給食に出したときは、食べたことがない子が多いからか、たくさん食べ残しが出てしまいました。だけど、このおいしさをみんなに知ってほしくて、皮のむき方を教えたり、苦い皮を口に入れないよう、カットの仕方も工夫したりしました。すると、食べられる子がふえたんです！

「残さず食べよう」よりも「いろんなものを食べてみよう」

　食べ残しを0にしようということなら、みんなの好物だけを出せばいいけれど、それでは栄養がかたよるし、新しい食べものにチャレンジすることもできないよね。わたしは残さず食べようとは言いません。食べきりたくても食べきれない子がいることもわかっているからです。

　だからまずは、ひと口だけ口にしてほしい。おいしさをわかってもらえるように調理の仕方を工夫したり、食べ方を教えたりしています。いろいろな食べもののおいしさを、伝えられたらうれしいな！

プロフィール：
管理栄養士。東京都内の百貨店に勤務を経て2000年、八千代市立高津小学校に着任。2021年、船橋市立塚田小学校着任。2018年、「平成29年度文部科学大臣優秀教職員表彰（食育の推進）」を受ける。

給食の食材はどこからきたの？

塚田小学校での給食の献立で使われた食材だよ。

この日の給食のこんだては、車エビのすがた焼きのほかに、ソフトめん（イカ・ツナ・アサリソース）、牛乳、シャリシャリ大豆カレー味（大豆に味つきの衣をつけて炒ったもの）、スイカ。1食のこんだての中に、いろいろな食材が使われているんだね！

県内産 5品

ニンジン
牛乳
ショウガ
トマト
にぼし

輸入品 6品

ホールトマト（イタリア）
ソフトめん（小麦：カナダ）
ベーコン（デンマーク）
パセリ（イタリア）
ツナ（タイ）
パプリカパウダー（スペイン）

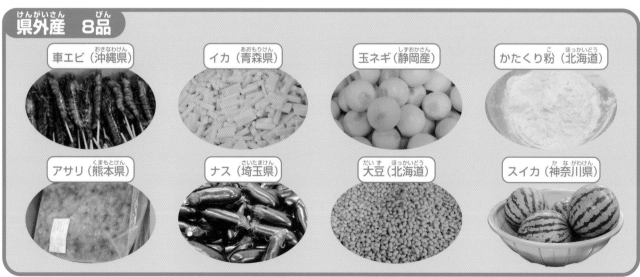

県外産 8品

車エビ（沖縄県）
イカ（青森県）
玉ネギ（静岡産）
かたくり粉（北海道）
アサリ（熊本県）
ナス（埼玉県）
大豆（北海道）
スイカ（神奈川県）

つくった人のことを考えてみよう

つくった人の思いを感じて食べてみよう

食材がいくつあるかわかったら、次はどんな人がどんな風にこれらの食材を作ってくれたか想像してみよう。全部で 19 品もの食材があったら、どんなことが想像できるかな。

生産者の思い

給食の食材は、地元でつくられたものだけではなく、全国や世界のいろいろな国からも、食材を集めて使っているんだよ。例えば、野菜を育てている農家なら、作物に虫がつかないよう、あれこれ工夫して育ててくれている。天候が悪くて魚が思うようにとれず、苦労していた漁師さんだっているかもしれない。どの食材にも、それを用意した人たちのドラマがつまっているんだ。そう考えるとやっぱりできるだけ食べてあげたいし、捨てる量もなるべくへらしたいって気持ちになってくるよね。

食材を知るということは、食品ロスをへらすことにもつながっているのかもしれないね。

ちなみに塚田小学校では、食材にまつわる話が書かれたプリントが、毎日クラスに配布されているんだって!

うちの畑では
ジャガイモを
生産してるのよ!

虫がつかないように
育てるのが
とても大変なんだ。

ぼくたちも
お手伝いしているよ!

農家の人たち

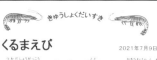

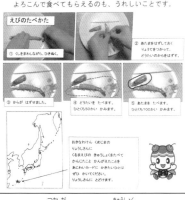

塚田小学校の給食のプリント

海外からも給食の食材が！

給食に使われる食材の国産品、輸入品の割合

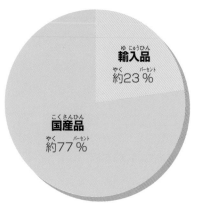

輸入品
約23％

国産品
約77％

文部科学省 令和元年度学校給食栄養報告「学校給食における地場産物・国産食材の使用割合（全国平均）」をもとに作成

給食の食材の約23％は海外から

学校給食には地域で生産された食材がたくさん使われているけれど、海外から輸入したものも使っているよ。給食で使われている食材のうち23％は外国から輸入されたものなんだ。残りの77％は日本国内で生産されたもの。国産の食材のうち4分の1は、同じ都道府県内でとれたものを使っているよ。

給食をつくる人だけでなく、食材を運ぶ人もいるよ。

輸入品が多いのはこんな食材！

学校給食のなかで、とくに輸入の割合が多いのは、小麦や乳類、くだものだよ。40～60％を輸入にたよっているんだ。

パンの原料の小麦は60％以上が輸入されたものなんだ。シチューなどに使う乳製品や、バナナやパイナップルのようにあたたかい国で栽培されるくだものも、輸入の割合が多くなっているね。

もともと日本はお米をつくる稲作がさかんな国で、小麦の収穫量はそれほど多くないんだよ。お米づくりがさかんな地域では、地元でとれたお米をもっと食べてもらおうと、ごはんの献立の日を多くした学校もある。

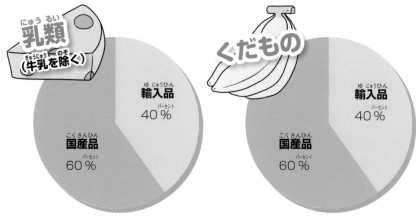

乳類（牛乳を除く）

輸入品
40％

国産品
60％

くだもの

輸入品
40％

国産品
60％

パン（小麦）

国産品
34％

輸入品
66％

パンの原料の小麦は、外国からきていることが多いんだね。

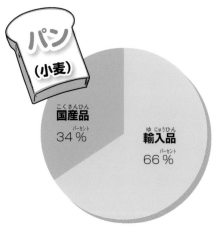

内閣府 食育推進1第3期・第7回
食育推進評価専門委員会資料をもとに作成

フードマイレージ

輸入した食べものは、外国から船や飛行機で運ばれてくるよ。乗り物を動かすためには燃料の石油が必要になる。石油を使うと二酸化炭素が排出される。二酸化炭素は、地球が暑くなる「温暖化」の原因でもある。食べものを輸入することで、どれくらい地球に負担をかけているかを数字で表したのが「フードマイレージ」だ。フードマイレージは高いほど、環境に負担をかけていることになる。下の式で計算するよ。

石油は日本ではほとんどとれないので、外国から輸入して使っているんだよ。世界の国々が今のスピードで石油を使い続けると、将来、地球上からなくなってしまうといわれている。遠くから運ばれてきた食べものを残すと、移動に使った燃料もむだになるんだ。

食べものを捨てると、処理のための費用も燃料もかかるよね。わざわざ輸入したのにもったいないね。

日本はフードマイレージ世界1位！

世界の国のフードマイレージをくらべてみると、日本は世界1位！　輸入している食べものの量が多いうえに、アメリカやカナダ、オーストラリアなど、遠くの国から輸入している食べものが多いので、フードマイレージが高くなってしまうんだ。

反対にフードマイレージが低いのはアメリカ。アメリカは農業の生産量が高くて、輸入に頼る割合が少ないから、フードマイレージも低いんだ。

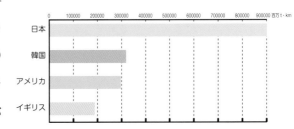

各国のフードマイレージ

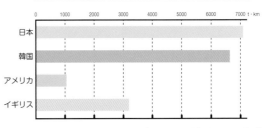

国民一人あたりのフードマイレージ

農林水産省「フード・マイレージ」について（平成30年度）をもとに作成

授業で学ぶ！　食品ロス

　これまでたくさんの食品ロスが出ていることを見てきたね。食品ロスをなくすことの大切さを地域の人に伝えた小学校の取り組みを紹介しよう。

千葉県野田市関宿小学校での取り組み

　関宿小学校の6年生は2000人分の給食をつくる給食センターに見学に行って、1日に約65kgの食べ残しがあることにおどろいた。家に帰って、それぞれの家の食品ロスを調べてみると野菜のしんや皮が食品ロスになりやすいことがわかった。

　そこで野菜のしんや皮を使った料理を考え、栄養士の先生につくってもらったよ。

　「もったいないっていう気持ちをたくさんの人に持ってほしいな」と思ったみんなは次の行動を起こしたんだ！

調べよう
スーパーの人に聞いてみよう！　食品ロスが出るしくみ

　スーパーマーケットで、店の人にインタビューをしたよ。店には毎日新しい商品が入るけど、新しい商品と入荷して少し日がたった少し古い商品をならべておくと、お客さんは新しい商品を選ぶから、古い商品が残る。その結果、販売できる期間が過ぎて捨てられてしまうらしい。

　お客さんがみんな古い商品のほうから買ってくれたらいいのにと思ったけれど、店の人はお客さんに「古いほうから買って下さい」とはお願いしづらいようだった。

　どうしても新しいものがほしいお客さんもいるかもしれないもんな。

どうしたら食品ロスがへらせるかな？

考えよう

　店からの食品ロスがへらせるように、協力できることはないかな。そう思ったみんなは、学校でアイデアを出しあったよ。

　「直接お願いするのはむずかしいけれど、売れ残りそうな商品にシールをはって、買ってほしいと伝えられないかな？」「お客さんが食品ロスのことを知らないと、食品ロスもへっていかないと思う。食品ロスについて書いたチラシを配るのはどう？」

　そして、みんなは食品ロスのことを伝えるチラシと、商品にはるシールをつくることにしたよ。

お客さんたちに伝えよう

つくってみよう

チラシをつくってくばろう

　目に止まるようなチラシの見出しをみんなで何度も話し合って考えたよ。野菜を皮ごと使ったレシピや、食品ロスを出さない保存方法など、役に立つ情報も書くことにした。これならちゃんと読んでもらえそう！

シールをつくってはろう

　シールは「ぼくから取って～」、「あなたに食べてほしい」と食べものがお客さんによびかけているデザインにしたよ。名づけて「助けてシール」！

　助けてシールは、売れ残りそうな野菜にはった。チラシは「食品ロスをへらすために、ご協力をおねがいします」と伝えながら配った。

　3日間の活動で「助けてシール」をはったのは180個。1日目は3個だけ売れ残ったけど、2日目、3日目は売れ残りゼロ！　シールにこめた思いがたくさんの人に伝わったんだね。

　関宿小学校のみんなは、たくさんの人が食品ロスを「自分たちのこと」として考えることが大切だと話していたよ。この本を読んでいるみんなも、学校で食品ロスについて話してみてもらえるとうれしいな！

フードバンク フードシェアリング を使ってみよう！

家で食べものの贈りものをたくさんもらって、食べきれないことはないかな？食品ロスにはしたくないけれど、使い切れない…。そんなときに活用できるしくみがあるよ。

 ## フードバンクってなあに？

毎年多くの食品ロスが出る日本。だけど、中にはさまざまな事情で1日3食の食事をとるのがむずかしい人もいる。また、お年寄りや障がい者などを支援する施設や団体、子ども食堂などは食材の仕入れに使えるお金は限られている。

そこで、家庭で食べきれない食品や、食品メーカーやスーパーが作りすぎた食品、パッケージに傷がついて売れなくなった食品などを集めて、本当に必要な人に送っているのがフードバンクだよ。十分に食事ができていなかった人は助かるし、施設は活動費によゆうができて、より多くの人を支援できる。食品ロスをなくせて、だれかに喜んでもらえるなんて、いいことだよね！

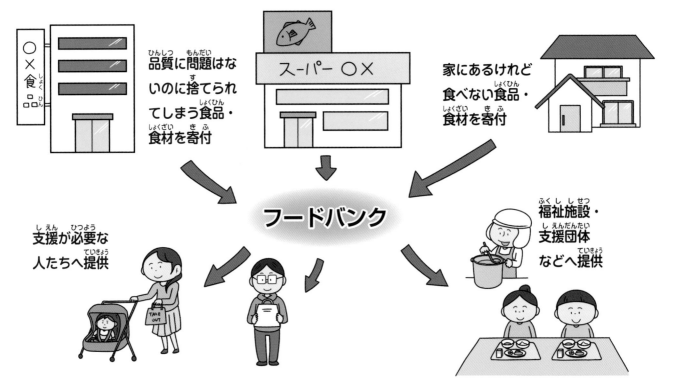

○×食品　品質に問題はないのに捨てられてしまう食品・食材を寄付

スーパー ○×

家にあるけれど食べない食品・食材を寄付

フードバンク

支援が必要な人たちへ提供

福祉施設・支援団体などへ提供

実際に使ってみたよ

NPO法人フードバンクふなばしを利用してみたよ。ここは支援が必要な子育て家庭や、子育て支援団体のために活動しているんだ。食べものを寄付する方法はカンタン。スーパーなどお店の中に置かれた食品寄付ボックスに入れるだけ！　未開封で、常温保存ができて、賞味期限まで2か月以上あるものを持っていこう。

食べる予定がない食べものを、寄付してみよう！

集められた食べものは、千葉県船橋市内の支援が必要な子育て家庭や、子ども食堂に届けられるよ。左が送られる食料の例。種類も豊富だね！　食品ロスをふせいで、だれかの役に立てるんだね。

NPO法人フードバンクふなばしの食品寄付ボックス。

フードシェアリングってなあに？

飲食店では天気が悪かったり、とつぜんキャンセルになったりしてお客さんが来ないと、料理がたくさんあまってしまう。そんなとき「フードシェアリング」というウェブサイトのしくみを使うと、あまった料理を買ってもらうことができるんだ。

食品ロスが出そうな飲食店はフードシェアリングのサイトに料理の情報をのせる。それを見て「食べたい！」と思った人は、インターネット上から注文をして、お店で料理を受け取るしくみだ。

食品メーカーや小売店で売れ残った食べもの、容器に傷がついてお店で販売できなくなった食べものを通信販売しているフードシェアリングもあるよ。

アプリでカンタンに注文できるものもある。おいしい料理を食べて、食品ロスもへらせるなんてうれしいな！

みんなの力で食品ロスをへらそう！

食品ロスをへらすために大切なこと

おしまい

食品ロス おさらいクイズ

この本で学んだごみの出し方や食品ロスのへらし方について、どれだけおぼえているかな？クイズにちょうせんして確認してみよう！

1

食べ残した食べものや野菜のくず、魚の骨などの生ごみは何ごみになる？

①可燃ごみ
②不燃ごみ
③資源

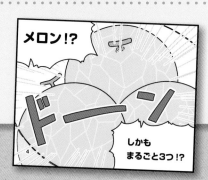

メロン!?

ドーン

しかもまるごと3つ!?

Q1〜Q3はごみ分別に関するクイズだよ。よく思い出してみてね。

2

古い本や雑誌などは、何ごみとして出すのがいいかな？

①可燃ごみ
②資源
③そ大ごみ

3

上級者向け問題！

ドレッシングのびんやマニキュアのびんなど、よごれが取れないびんは何ごみとして出したらいい？

①資源
②不燃ごみ
③そ大ごみ

4

生ごみはバクテリアの力を使って、肥料にすることができたね。生ごみから肥料をつくるときに使う容器をなんといったかな？

① ポンコスト
② トンコツポスト
③ コンポスト

Q4～Q6 は食品ロスについてのおさらいクイズだよ。

5

災害用に買い置きした非常食を古いものから少しずつ食べたり、買い足したりすることをなんという？

① ローリングストック
② コーリングストック
③ カーリングストック

6

上級者向け問題！

食べものの輸入がどれだけ地球の環境に負担をかけているかをわかりやすく表すため、食べものの輸入量と輸送距離をかけて出した数字をなんという？

① フードロス
② フードバンク
③ フードマイレージ

何問できたかな？まちがえたところは、もう一度この本を読み返して復習してみてね！

答え

Q1 ① 可燃ごみ　　Q2 ② 資源　　Q3 ② 水銀ごみ

Q4 ③ コンポスト　Q5 ① ローリングストック　Q6 ③ フードマイレージ

おわりに

　みんな、ここまで読んでくれてありがとう！　最後に、ぼくからみんなにおぼえておいてほしい言葉があるんだ。「３Ｒ」って聞いたことある？　これはごみをへらすための方法「Reduce」「Reuse」「Recycle」の頭文字をとった言葉だよ。

　一つ目の「Reduce」は日本語で「へらす」という意味だ。スーパーで安売りしているものに飛びつくのではなくて、本当に必要なもの、食べきれるものだけを買えば、食品ロスをへらせるね。

　二つ目の「Reuse」。これは「もう一度使う」という意味。家で食べきれないもの、フードバンクに寄付することも「Reuse」の一つだよ。

　三つ目の「Recycle」は聞いたことがあるかな？「一度使ったものの形を変えてもう一度利用する」ことだよ。生ごみから肥料をつくるコンポストはリサイクルだね！

　これが「３Ｒ」。このほかにもう一つ、ぜひみんなにおぼえておいてほしいRがあるんだ。それは「Respect（尊敬する、大事にする）」。感謝の気持ちを持って、ありがたく食べものをいただこうね。

　農家の人や漁師の人、食べものを運んでくれる人がいること思い浮かべると、食べものを大切にしたいなという気持ちになるんじゃないかな？

　「４つのR」を、まわりの人にもぜひ教えてあげてね！　そして「食品ロス」をへらすためには、まだたくさんの方法があると思う。みんなで話し合ってみてほしいな。そして、いいアイデアを思いついたら、自分たちでどんどんやってみることも大切だよ！

お笑い芸人 マシンガンズ・ごみ清掃員
滝沢秀一

さくいん

監修 滝沢 秀一（たきざわ　しゅういち）

1976年、東京都生まれ。太田プロダクション所属。

東京成徳大学在学中の1998年、西堀亮とお笑いコンビ「マシンガンズ」を結成。「THE MANZAI」で認定漫才師に選ばれるなどコンビとしての実績をあげている中、2012年、妻の妊娠を機に、ごみ収集会社で働きはじめる。

ごみ収集の体験をもとにSNSや執筆、講演会などで発信している。

2018年、エッセイ『このゴミは収集できません　ゴミ清掃員が見たあり得ない光景』（白夜書房）を上梓したあと、漫画『ゴミ清掃員の日常　ミライ編 あたらしい時代で、しあわせになるゴミ出し術」（講談社）、『ごみ育　日本一楽しいごみ分別の本』（太田出版）などを出版。2020年10月、環境省『サステナビリティ広報大使』に就任。同12月、消費者庁『食品ロス削減推進大賞』の委員長賞を受賞。

イラスト●深蔵

写真・画像協力●滝沢 秀一　今福 克　PIXTA

編集協力●ニシ工芸（小山 由香、野口 和恵、名村 さえ子、森脇 郁実、高瀬 和也）　　**デザイン**●安部 恭余　　**DTP**●ニシ工芸

参考文献

太田出版
「ごみ育 日本一楽しいごみ分別の本」

講談社「ゴミ清掃員の日常 ミライ編 あたらしい時代で、しあわせになるゴミ出し術」

白夜書房
「このゴミは収集できません ゴミ清掃員が見たあり得ない光景」

白夜書房
「やっぱり、このゴミは収集できません 〜ゴミ清掃員がやばい現場で考えたこと」

災害時に備えた食品ストックガイド（農林水産省）
https://www.maff.go.jp/j/zyukyu/foodstock/guidebook/pdf/stockguide.pdf

段ボールコンポストの手引き（名古屋市）
https://www.city.nagoya.jp/kankyo/cmsfiles/contents/0000060/60262/guideline.pdf

たきざわゴミ研究所【黒土だけでコンポストをやってみた。生ごみが魔法のように消えるらしい】〜滝沢的エコ生活〜
https://www.youtube.com/channel/UCyIxk4FS9xziPrnbxGQabEw

文部科学省 令和元年度学校給食栄養報告「学校給食における地場産物・国産食材の使用割合」
https://www.mext.go.jp/b_menu/toukei/chousa05/eiyou/gaiyou/1406811_00002.htm

内閣府食育推進1第3期・第7回食育推進評価専門委員会資料

農林水産省「フード・マイレージ」について

オルタナ「米飯にすれば地産地消も進む」
https://www.alterna.co.jp/11838/2

協力

東京二十三区清掃一部事務組合

千葉県船橋市立塚田小学校

千葉県野田市立関宿小学校

NPO法人　フードバンクふなばし

食品ロス　「もったいない」をみんなで考える
③ごみ置き場から見た食品ロス

初版発行　2022年4月1日

監 修　滝沢 秀一
発行者　岡本 光晴
発行所　株式会社 あかね書房
〒101-0065　東京都千代田区西神田3-2-1
03-3263-0641（営業）　03-3263-0644（編集）
https://www.akaneshobo.co.jp
印刷所　中央精版印刷株式会社
製本所　株式会社難波製本

NDC588　39ページ　30cm×21cm
© 2022 Nishikougei
ISBN978-4-251-09563-3
落丁本・乱丁本はおとりかえいたします。

NDC588
監修　滝沢 秀一
食品ロス　「もったいない」をみんなで考える
③ごみ置き場から見た食品ロス
あかね書房　2022　39ｐ　30cm×21cm